Vorwort

Liebe Leserin, lieber Leser,

Das Lehrwerk *Basis – Deutsch für Willkommenskurse* ist speziell für Asylsuchende konzipiert und soll ihnen dabei helfen, sich in Deutschland zurechtzufinden, die erste Informationsflut zu bewältigen und Deutschland und seine Kultur zu verstehen. Das Buch kann in Vorkursen und Willkommenskursen eingesetzt werden und ist besonders für Lernende mit geringer Lernerfahrung geeignet.

Basis – Deutsch für Willkommenskurse bietet:

- Eine sprachliche **Erstorientierung**
- **17 Lektionen** aus dem Lebensumfeld in Deutschland
- Kursmaterial für bis zu **40 Unterrichtseinheiten**
- Einführung in die wichtigsten **Behördengänge**
- Vermittlung von Basiskenntnissen in **interkultureller Verständigung**
- Einfachen Einsatz im Unterricht **ohne aufwendige Vorbereitung**
- Einen **selbsterklärenden Aufbau**

Erfahrene Kursleiterinnen und Kursleiter sowie Integrationshelferinnen und -helfer haben uns intensiv bei diesem neuen Lehrwerk beraten, damit die Bedarfe der Asylsuchenden passgenau abgedeckt werden.

Mit diesem Buch möchte die gemeinnützige telc GmbH vor allem ehrenamtliche Kursleiterinnen und Kursleiter sowie Lernbegleiter unterstützen, die dieses Buch ohne aufwendige Vorbereitung im Unterricht einsetzen können. Der Aufbau des Buches ist flexibel, so dass auch Kurse mit einer hohen Fluktuation damit arbeiten können.

Als Integrationspartner begleiten wir die neu Zugewanderten auf ihrem weiteren Weg: In Einstiegs- und Grundstufenkursen und natürlich auch in den Integrationskursen bis zum Deutsch-Test für Zuwanderer.

Stets aktuelle Informationen zu unserem Engagement für Integration finden Sie unter: www.telc.net/einfach-machen. Dort finden Sie auch alle Details zu unserem weiterführenden Buch für Asylbewerber und Flüchtlinge: *Einfach los! – Deutsch für Asylbewerber*.

Wir wünschen Ihnen viel Erfolg und Spaß – einfach machen!

Ihr

Geschäftsführer telc gGmbH

Impressum

Basis – Deutsch für Willkommenskurse

Autorinnen:	Wiola Kostrzanowska-Kostorz, Elisabeth Riechelmann, Viola Stübner
Mitarbeit:	Emma Joy Bicknell, Ekaterina Proyss
Phonetik:	Tarek Youssef
Redaktion:	Radka Lemmen, Kerstin Sawczyc

Besonderer Dank gilt der Volkshochschule Remscheid für ihre wertvolle Unterstützung.

Fotografie:	Jan Kocovski
Zeichnungen:	Lisa Frühbeis
Layout:	Bernd Rohs
Tonaufnahmen:	audimax Kreation in Bild und Ton GmbH
Druck:	Petermann GZW GmbH

Das Werk und seine Teile sind urheberrechtlich geschützt. Jede Nutzung in anderen als den gesetzlich zugelassenen Fällen bedarf der vorherigen schriftlichen Einwilligung des Verlags.

Hinweis zu § 52a UrhG: Weder das Werk noch seine Teile dürfen ohne eine solche Einwilligung überspielt, gespeichert und in ein Netzwerk eingespielt werden. Dies gilt auch für Intranets von Schulen und sonstigen Bildungseinrichtungen sowie Firmen.

Alle Drucke dieser Auflage sind inhaltlich unverändert und können daher im Kurs nebeneinander verwendet werden.

1. Auflage 2015
© telc gGmbH, Frankfurt am Main 2015
www.telc.net

telc Order-Nr.:	4002-BAA-1501A
ISBN:	978-3-946447-02-3

Inhalt

1	Lektion 1: Guten Tag!	4
2	Lektion 2: Im Amt	6
3	Lektion 3: Woher kommen Sie?	8
4	Lektion 4: Zahlen	10
5	Lektion 5: Das ist meine Familie	12
6	Lektion 6: Arbeit	14
7	Lektion 7: Formulare	16
8	Lektion 8: Ich habe einen Termin	18
9	Lektion 9: Meine Adresse	20
10	Lektion 10: Entschuldigung, wo ist bitte …?	22
11	Lektion 11: Bus und Bahn	24
12	Lektion 12: Lebensmittel	26
13	Lektion 13: Essen und Trinken	28
14	Lektion 14: In der Küche	30
15	Lektion 15: Im Badezimmer	32
16	Lektion 16: Kleidung	34
17	Lektion 17: Beim Arzt	36

1 Lektion 1: Guten Tag!

▶ Guten Tag!
Ich heiße Idris Ali.

▶ Guten Tag!
Ich heiße Mandana Kazemi.

▶ Guten Tag.
Ich heiße Karl Weber.
▷ Guten Tag, Herr Weber.
Mein Name ist Idris Ali.

▶ Hallo.
Ich heiße Marion Neumaier.
▷ Guten Tag, Frau Neumaier.
Mein Name ist
Mandana Kazemi.

▶ Guten Tag. Ich heiße Idris Ali. Wie heißen Sie?
▷ Hallo, Herr Ali. Mein Name ist Karl Weber.
Das ist Frau Neumeier.
▶ Guten Tag, Frau Neumeier.
Und das ist Frau Kazemi, Mandana Kazemi.
▷ Hallo, Frau Kazemi.

1 Sagen Sie Ihren Namen.

▶ Ich heiße.................. .
▶ Mein Name ist ....

2 Fragen Sie die Frau/den Mann neben Ihnen:

▶ Wie heißen Sie?
▷ Ich heiße.................... .

▶ Hallo. Ich heiße Idris Ali.
▷ Herr Idris Ali?
▶ Ja, Idris ist der Vorname.
Ali ist der Nachname.
▷ Ah! Guten Tag, Herr Ali.

▶ Guten Tag. Mein Name ist Kazemi.
▷ Guten Tag. Ist Kazemi der Vorname?
▶ Nein, Kazemi ist der Nachname.
Mandana Kazemi.
▷ Ah! Hallo Frau Kazemi.

3 Fragen Sie die Frau/den Mann neben Ihnen:

▶ Wie ist Ihr Vorname?
▷ Mein Vorname ist ....

▶ Wie ist Ihr Nachname?
▷ Mein Nachname ist ....

4 Was fehlt?

▶ Guten .... Ich .... Reiner Müller.
Und .... heißen Sie?
▷ Mein .... ist Merzad Sharifi.
Sharifi ist der ....

▶ Hallo .... Sharifi. Das ist Ute Arndt.
▷ Guten Tag, ... Arndt.
▶ Hallo, Herr Sharifi.

Lektion 1: Guten Tag!

Das Alphabet

A Arzt	**B** bitte	**C** Computer	**D** danke
E essen	**F** falsch	**G** Geld	**H** Handy
I Information	**J** ja	**K** Kind	**L** Ladegerät
M Mutter	**N** nein	**O** okay	**P** Post
Q Quittung	**R** richtig	**S** Supermarkt	**T** Termin
U Uhr	**V** Vater	**W** Wasser	**X** Ta**x**i
Y As**y**l	**Z** Zug		

5 Buchstabieren Sie:

▶ Ich buchstabiere: „Arzt": A – R – Z – T
▷ Ich buchstabiere: „bitte": B – I – T – T – E
▶ Ich buchstabiere: „Computer": C – O – M – P – U – t – e – r
▷ Ich buchstabiere: „…": danke

6 Fragen Sie die Frau/den Mann neben Ihnen:

▶ Wie heißen Sie?
▷ Ich heiße ....
▶ Wie ist Ihr Vorname?
▷ Mein Vorname ist ....

▶ Wie ist Ihr Nachname?
▷ Mein Nachname ist ....
▶ Wie buchstabiert man das?
▷ Ich buchstabiere: ....

Das kann ich:

Guten Tag	Wie heißen Sie?	Ich buchstabiere:
Hallo	Vorname	ja, nein, und
Ich heiße …	Nachname	Bitte
Mein Name ist …	Wie buchstabiert man das?	Danke

Lektion 2: Im Amt

  CD 6

▶ Hallo. Ich heiße Mandana Kazemi.
▷ Mendana Kazami?
▶ Nein, Mandana Kazemi. Ich buchstabiere:
M – A – N – D – A – N – A,
das ist der Vorname.
Und Kazemi ist der Nachname:
K – A – Z – E – M – I.
▷ Ah! Vielen Dank!

▶ Guten Tag. Mein Name ist Idris Ali.
▷ Idris Ali? Ist Idris der Vorname?
▶ Ja. Idris ist der Vorname,
Ali ist der Nachname.
▷ Wie schreibt man das?
▶ Das schreibt man: A – L – I.
Und: I – D – R – I – S.
▷ Ah! Vielen Dank!

Bismarckstr. 8-12
42853 Remscheid
Kundennummer: 907X214902
Kontakt: Frau Müller
Raum: U 11d
Telefon: 02191-34370
Telefax: 02191-34371
E-Mail: frmueller@jobcenter.de
Datum: 20.10.20.....

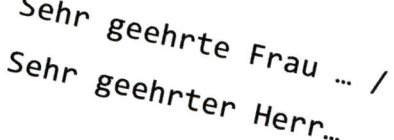

Sehr geehrte Frau … /
Sehr geehrter Herr…

CD 7

▶ Guten Morgen! Wie heißen Sie, bitte?
▷ Guten Morgen. Ich heiße Mazen Wakil.
▶ Wie schreibt man das?
▷ Mazen ist der Vorname.
Das schreibt man: M – A – Z – E – N.
Wakil ist der Nachname: W – A – K – I – L.
▶ Vielen Dank, Herr Wakil. Auf Wiedersehen!
▷ Auf Wiedersehen!

Guten Morgen!
Guten Abend!
Auf Wiedersehen!
Tschüss!

Lektion 2: Im Amt

1 Sagen Sie Ihren Namen.

▶ Ich heiße ....
▶ Mein Name ist ....

▶ Wie schreibt man das?
▷ Das schreibt man ....

▶ Wie buchstabiert man das?
▷ Ich buchstabiere: ....

Ich heiße …
Mein Name ist …
Ich bin …

2 Was ist die richtige Antwort?

Tschüss! - Ist das der Vorname? - David - Frau Koçan - Herr Neuss - Guten Tag, Frau Winkler - N – E – U – S – S - Lea Jahn

1. Guten Morgen! Wie heißen Sie? ....

2. Hallo! Ich bin Frau Winkler. ....

3. Mein Name ist Ming Wong. Ming? ....

4. Ich heiße Fatima Koçan. Guten Abend, ...

5. Neuss? Wie schreibt man das? ....

6. Hallo Herr Senko. Wie ist Ihr Vorname? ....

7. Auf Wiedersehen! ....

3 Wie schreibt man das?

▶ Ich buchstabiere „Jobcenter": Das schreibt man: J – O – B – C – E – N – T – E – R. Jobcenter.
▷ Ich buchstabiere „Volkshochschule": Das schreibt man: V – … Volkshochschule.

Jobcenter
BIC: PBNKDEFF

BRD = Bundesrepublik Deutschland
VHS = Volkshochschule

Das kann ich:

| Wie schreibt man das? | Vielen Dank! | Guten Morgen! | Auf Wiedersehen! |
| Das schreibt man … | Ich bin … | Guten Abend! | Tschüss! |

Lektion 3: Woher kommen Sie?

▶ Guten Tag!
Mein Name ist Hamidu Salifu.
Ich komme aus Ghana.

▶ Hallo. Ich bin Frau Hannachi.
Ich komme aus Tunesien.

▶ Guten Tag. Wie ist Ihr Name, bitte?
▷ Ich heiße Hamidu Salifu.
▶ Herr Salifu – woher kommen Sie?
▷ Ich komme aus Ghana.

▶ Guten Tag. Wie heißen Sie, bitte?
▷ Mein Name ist Hanen Hannachi.
▶ Woher kommen Sie, Frau Hannachi?
▷ Ich komme aus Tunesien.

1 Fragen Sie im Kurs:
(Benutzen Sie die Weltkarte am Ende des Buches.)

▶ Woher kommen Sie?
▷ Ich komme aus ....

Ich komme aus Afghanistan/Eritrea/Somalia/Syrien…
dem Irak/
dem Iran …

▶ Ich heiße Hamidu Salifu.
Ich komme aus Ghana.
Ich spreche Akan und Englisch.

▶ Ich bin Hanen Hannachi.
Ich komme aus Tunesien.
Ich spreche Arabisch und Französisch.

2 Fragen Sie im Kurs:

▶ Welche Sprache sprechen Sie?

▷ Ich spreche .... (und ....).

▶ Das ist Hamidu Salifu. Er kommt aus Ghana.
▷ Guten Tag, Herr Salifu.

▶ Und das ist Hanen Hannachi. Sie kommt aus Tunesien.
▷ Hallo Frau Hannachi.

• **Herr** Hamidu Salifu kommt aus Ghana.
• **Er** kommt aus Ghana.

Frau Hanen Hannachi kommt aus Tunesien.
Sie kommt aus Tunesien.

▶ Das ist Hamidu Salifu.
Er kommt aus Ghana.
Er spricht Akan und Englisch.

▶ Das ist Hanen Hannachi.
Sie kommt aus Tunesien.
Sie spricht Arabisch und Französisch.

Lektion 3: Woher kommen Sie?

3 Fragen Sie die Frau/den Mann neben Ihnen:

▶ Woher kommen Sie? ▷ Das ist ....
▶ Welche Sprache sprechen Sie? ▷ Er/sie kommt aus ....
▷ Er/sie spricht ....

▶ Guten Tag. Wie heißen Sie, bitte?
▷ Guten Tag. Mein Name ist Ahmadullah Wafadar.
▶ Woher kommen Sie, Herr Wafadar?
▷ Ich komme aus Afghanistan.
▶ Sprechen Sie Deutsch?
▷ Ich spreche Paschtu und ich lerne Deutsch.
▶ Danke, Herr Wafadar!

kommen	**lernen**	**sprechen**
ich komm**e**	ich lern**e**	ich sprech**e**
er/sie komm**t**	er/sie lern**t**	er/sie spr**i**ch**t**
Sie komm**en**	Sie lern**en**	Sie sprech**en**

4 Was fehlt?

Das ist Herr Wafadar. Er kommt aus ....
Wafadar ist der .... Er spricht ....
Ahmadullah ist der .... Er lernt ....

▶ Guten Tag, mein Name ist Maya Malki. ▷ Danke, Frau Malki. Woher kommen Sie?
▷ Wie schreibt man das, bitte? ▶ Ich komme aus Syrien.
▶ Maya ist der Vorname. Ich buchstabiere: ▷ Sie sprechen gut Deutsch, Frau Malki.
M – A – Y – A. Malki ist der Nachname: ▶ Vielen Dank. Ich lerne Deutsch.
M – A – L – K – I.

5 Richtig oder falsch?

	Richtig	Falsch
Das ist Tanya Malki.	☐	☐
Der Nachname ist Malki.	☐	☐
Frau Malki kommt aus Afghanistan.	☐	☐
Sie spricht Deutsch.	☐	☐

Das kann ich:

Wer ist das?	Er/sie kommt aus …	Sie sprechen …
Das ist …	Welche Sprache sprechen Sie?	Sprechen Sie Deutsch?
Woher kommen Sie?	Ich spreche …	Ich lerne Deutsch.
Ich komme aus …	Er/sie spricht …	Er/sie lernt Deutsch.

Lektion 4: Zahlen

0	null	10	zehn	20	zwanzig	30	dreißig
1	eins	11	elf	21	einundzwanzig	31	einunddreißig
2	zwei	12	zwölf	22	zweiundzwanzig	32	zweiunddreißig
3	drei	13	dreizehn	23	dreiundzwanzig	…	…
4	vier	14	vierzehn	24	vierundzwanzig	40	vierzig
5	fünf	15	fünfzehn	25	fünfundzwanzig	50	fünfzig
6	sechs	16	sechzehn	26	sechsundzwanzig	60	sechzig
7	sieben	17	siebzehn	27	siebenundzwanzig	70	siebzig
8	acht	18	achtzehn	28	achtundzwanzig	80	achtzig
9	neun	19	neunzehn	29	neunundzwanzig	90	neunzig

100	hundert	101	hunderteins	120	hundertzwanzig	…	…
1000 tausend		**10.000** zehntausend		**100.000** hunderttausend		**100.000.000** eine Million	

1 Wie viel ist das?

 Das **ist** ein Euro.  Das **sind** zwei Euro.  Das **ist** ein Cent.  Das **sind** zwei Cent.

 Das **sind** ……………   Das **sind** ……………  Das **sind** ……………  Das **sind** ……………

Das sind fünf Euro.
Das sind …………… Das sind ……………
Das sind …………… Das sind ……………
Das sind …………… Das sind ……………

▶ Frau Krasnikova, wie alt sind Sie?
▷ Ich bin fünfundvierzig Jahre alt. Und wie alt sind Sie, Herr Schmitt?
▶ Ich bin siebenundfünfzig Jahre alt.

▶ Tarek, wie alt bist du?
▷ Ich bin vierzehn Jahre alt. Und wie alt bist du, Ben?
▶ Ich bin sechzehn Jahre alt.

Lektion 4: Zahlen

Sie	Du
Wie alt sind **Sie**?	Wie alt bist **du**?
Woher kommen **Sie**?	Woher kommst **du**?

2 Fragen Sie die Frau/den Mann neben Ihnen:

▶ Wie alt sind Sie? ▶ Wie alt bist du?
▷ Ich bin .... Jahre alt.   **oder**   ▷ Ich bin .... Jahre alt.
Und wie alt sind Sie? Und wie alt bist du?

3 Wie ist die Telefonnummer oder die Handynummer?

Dr. Arnold Kleist
Arzt für Neurologie
Kirchgasse 25
Mannheim
Tel. 06107 – 35 65 0

Kindergarten
Kunterbunt
Telefon: 040-93 51 77 04

Staatliches Schulamt
für den Main-Kinzig-Kreis
Telefon: 06151-92006

Piet Wittman
Photos & Webdesign
0172 – 93 92 84 21

Thao Lin
Thailändische Küche
Restaurant & Catering
0163 – 98 41 03 65

Die Telefonnummer von Dr. Arnold Kleist ist ....

Die Telefonnummer vom Kindergarten Kunterbunt ist ....

Die Handynummer von Piet Wittman ist ....

Die Telefonnummer vom Staatlichen Schulamt ist ....

Die Handynummer von Thao Lin ist ....

4 Fragen Sie im Kurs:

▶ Wie ist Ihre Handynummer?   **oder**   ▶ Wie ist deine Handynummer?
▷ Meine Handynummer ist ....   ▷ Meine Handynummer ist ....

Das kann ich:	Das sind …	Telefonnummer
Euro	Wie alt sind Sie?	Handynummer
Cent	Wie alt bist du?	Wie ist Ihre Handynummer?
Das ist …	Ich bin … Jahre alt.	Wie ist deine Handynummer?

Lektion 5: Das ist meine Familie

▶ Hallo, ich bin Khaled Almostafa.
Das ist meine Frau. Sie heißt Hadeel Almostafa.

▶ Hallo. Mein Name ist Mona Al Hano.
Das ist mein Mann. Er heißt Thamer Al Hano.

1 Wie heißt Ihre Frau? Wie heißt Ihr Mann?

▶ Meine Frau heißt ....

▶ Mein Mann heißt ....

▶ Mein Name ist Khaled Almostafa. Das ist meine Frau Hadeel Almostafa. Das ist mein Sohn Wahid.

▶ Ich heiße Mona Al Hano. Das ist mein Mann Thamer Al Hano. Das ist meine Tochter Hanaa.

♂ mein Mann, mein Sohn   ♀ mein**e** Frau, mein**e** Tochter

2 Wie heißt … ?

▶ Wie heißt die Frau von Khaled Almostafa?   ▷ Sie heißt ....
▶ Wie heißt der Sohn von Khaled Almostafa?   ▷ Er heißt ....
▶ Wie heißt der Mann von Mona Al Hano?   ▷ Er heißt ....
▶ Wie heißt die Tochter von Mona Al Hano?   ▷ Sie heißt ....

▶ Ich bin Yosuf Issa. Ich komme aus Eritrea.
Ich habe eine Frau, Makeda Issa.
Ich habe zwei Kinder, Dawit und Rahwa.

▶ Mein Name ist Nara Vardanyan. Ich komme aus Armenien. Ich bin nicht verheiratet. Ich habe keine Kinder.

3 Das ist meine Familie:

Meine Frau heißt ....
Mein Mann heißt ....
Ich bin nicht verheiratet.
Ich habe einen Sohn.
Ich habe zwei, drei, ... Söhne.
Mein Sohn heißt ....

Meine Söhne heißen .... und ....
Ich habe eine Tochter.
Ich habe zwei, drei, ... Töchter.
Meine Tochter heißt ....
Meine Töchter heißen .... und ....
Ich habe keine Kinder.

Lektion 5: Das ist meine Familie

> ein Bruder, **zwei Brüder**
> ein**e** Schwester, **zwei Schwestern**
> ein Sohn, **zwei Söhne**
> ein**e** Tochter, **zwei Töchter**

4 Und Ihre Familie?

▶ Guten Tag. Wie heißen Sie?
▷ Ich heiße Abdel Ibrahim.
▶ Buchstabieren Sie das bitte.
▷ Abdel ist der Vorname: A – B – D – E – L.
Ibrahim ist der Nachname:
I – B – R – A – H – I – M.
▶ Woher kommen Sie?
▷ Ich komme aus Syrien.
▶ Sind Sie verheiratet?

▷ Ja, ich bin verheiratet.
Meine Frau heißt Aisha.
▶ Haben Sie Kinder?
▷ Ja, ich habe zwei Kinder, Ahmed und Rana.
▶ Sind Ihre Eltern auch in Deutschland?
▷ Nein, sie sind in Syrien.
▶ Sie sprechen gut Deutsch, Herr Ibrahim.
▷ Vielen Dank! Ich lerne Deutsch. Aber meine Frau spricht nicht Deutsch. Sie spricht Arabisch.

heißen	**sein**		**haben**
ich heiß**e**	ich **bin**	das **sind**	ich hab**e**
er/sie heiß**t**	du **bist**	sie **sind**	er/sie **hat**
Sie heiß**en**	er/sie **ist**	Sie **sind**	Sie hab**en**
	das **ist**		

5 Was ist richtig?

▶ Wie heißt Herr Ibrahim mit Vornamen?   ▷ Er heißt .... mit Vornamen.
▶ Woher kommt Herr Ibrahim?   ▷ Er kommt aus ....
▶ Ist er verheiratet?   ▷ Ja, er ....
▶ Hat er Kinder?   ▷ Ja, er ....
▶ Spricht er Deutsch?   ▷ Ja, er ....
▶ Sind die Eltern auch in Deutschland?   ▷ Nein, sie ....
▶ Spricht Frau Ibrahim Deutsch?   ▷ Nein, sie ....

Das kann ich:

		Ich habe keine Kinder.
meine Frau, mein Mann	Schwester, Schwestern	Ich bin (nicht) verheiratet.
Mutter, Vater, Eltern	Bruder, Brüder	auch
Tochter, Töchter	ein Kind, zwei Kinder	aber
Sohn, Söhne	Ich habe Kinder.	von

Lektion 6: Arbeit

▶ Hallo! Ich heiße Mohammed. Ich komme aus Syrien. Ich bin Arzt von Beruf.

▶ Guten Tag! Mein Name ist Albina Nazarowa. Ich komme aus Kasachstan. Ich bin Lehrerin von Beruf.

1 Wo arbeitet er/sie? Was kann er/sie?

▶ Der Arzt/die Ärztin arbeitet **in der** Arztpraxis.
Er/sie kann Patienten helfen.

▶ Der Bäcker/die Bäckerin arbeitet **in der** Bäckerei.
Er/sie kann Brot backen.

▶ Der Fabrikarbeiter/die Fabrikarbeiterin arbeitet **in der** Produktion.
Er/sie kann Teile montieren.

▶ Der Ingenieur/die Ingenieurin arbeitet **in der** Firma.
Er/sie kann Maschinen konstruieren.

▶ Der Lehrer/die Lehrerin arbeitet **in der** Schule.
Er/sie kann Mathematik unterrichten.

▶ Die Reinigungskraft arbeitet **in der** Firma.
Er/sie kann sauber machen.

▶ Der Hausmann/die Hausfrau arbeitet **im** Haus.
Er/sie kann kochen, waschen, bügeln und aufräumen.

▶ Der Kassierer/die Kassiererin arbeitet **im** Supermarkt.
Er/sie kann kassieren.

▶ Der Koch/die Köchin arbeitet **im** Restaurant.
Er/sie kann Essen kochen.

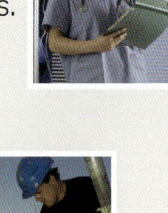

▶ Der Krankenpfleger/die Krankenschwester arbeitet **im** Krankenhaus.
Er/sie kann Patienten pflegen.

▶ Der Bürokaufmann/die Bürokauffrau arbeitet **im** Büro.
Er/sie kann am Computer schreiben.

▶ Der Bauarbeiter/die Bauarbeiterin arbeitet **auf der** Baustelle.
Er/sie kann Häuser und Straßen bauen.

▶ Der Elektriker/die Elektrikerin arbeitet **auf der** Baustelle.
Er/sie kann Strom installieren.

▶ Der Bauer/die Bäuerin arbeitet **auf dem** Feld.
Er/sie kann Obst und Gemüse anbauen.

▶ Der Verkäufer/die Verkäuferin arbeitet **auf dem** Markt.
Er/sie kann Obst und Gemüse verkaufen.

Lektion 6: Arbeit

♂ der Bäcker, der Lehrer, der Verkäufer ♀ die Bäcker**in**, die Lehrer**in**, die Verkäufer**in**
der Arzt, der Bauer, der Koch die Ärzt**in**, die B**äu**er**in**, die K**ö**ch**in**

2 Was sind Sie von Beruf?

▶ Hallo! Ich heiße .... Ich bin .... von Beruf.
Ich komme aus ....

3 Wo arbeiten Sie? Was können Sie?

▶ Ich arbeite .... ▶ Ich kann ....

▶ Guten Tag. Wie heißen Sie?
▷ Mein Name ist Said El Badawi.
▶ Was sind Sie von Beruf, Herr El Badawi?
▷ Ich bin Koch von Beruf.
▶ Ah, Koch!
▷ Ja, ich kann gut kochen.

4 Fragen Sie im Kurs:

▶ Was sind Sie von Beruf? **oder** ▷ Ich bin ....
▶ Was bist du von Beruf? ▷ Ich kann ....

▶ Herr El Badawi, Sie sind Koch? ▶ Frau Rahman, Sie sind Bürokauffrau?
▷ Ja, ich bin Koch von Beruf. ▷ Ja, ich bin Bürokauffrau.
Ich kann in einem Restaurant arbeiten. Ich kann in einer deutschen Firma arbeiten.
▶ Haben Sie eine Arbeitsgenehmigung? ▶ Haben Sie ein Zeugnis oder ein Zertifikat?
▷ Ja, natürlich! Ich habe eine Arbeits- ▷ Nein, leider nicht! Mein Zeugnis ist in
genehmigung für Deutschland. Pakistan.

Das kann ich:	Ich kann in/im/auf … arbeiten.	Zeugnis
Was?	Ich kann …	Ja, natürlich!
Wo?	Arbeitsgenehmigung	Nein, leider nicht!
Ich bin … von Beruf.	Zertifikat	oder

Lektion 7: Formulare

▶ Guten Tag.
Wie heißen Sie bitte?
▷ Ich heiße Hassan El Firou.
▶ Herr El Firou,
sprechen Sie Deutsch?
▷ Ja, ein bisschen.
▶ Gut. Können Sie bitte
das Formular ausfüllen?
Vielen Dank!

Name: Hassan (Vorname) El Firou (Nachname)
Adresse: Bahnhofstraße (Straße) 27 (Hausnummer) 12307 (Postleitzahl) Berlin (Ort)
Telefonnummer: 030/744 53 94 (Festnetz) 0152/39 39 52 75 (Mobil)
Geburtsdatum: 27.2.1978
Geburtsort: Tunis, Tunesien
Staatsangehörigkeit: Tunesisch
Sprachkenntnisse: Arabisch
Pass: Y9832941 (Nummer) Tunis (Ausstellungsort) 30.9.2... (Gültig bis)
Geschlecht: ☒ männlich ☐ weiblich
Familienstand: ☐ ledig ☒ verheiratet ☐ geschieden ☐ verwitwet
Anzahl Kinder: 3
Berlin, 16.10.2... (Ort, Datum) Hassan El Firou (Unterschrift)

1 Bitte füllen Sie das Formular aus.

Name: _____ Vorname _____ Nachname

Adresse: _____ Straße _____ Hausnummer
_____ Postleitzahl (PLZ) _____ Ort

Telefonnummer: _____ Festnetz _____ Mobil

Geburtsdatum: _____

Geburtsort: _____

Staatsangehörigkeit: _____

Sprachkenntnisse: _____

Pass: _____ Nummer _____ Ausstellungsort _____ Gültig bis

Geschlecht: ☐ männlich ☐ weiblich

Familienstand: ☐ ledig ☐ verheiratet ☐ geschieden ☐ verwitwet

Lektion 7: Formulare

Kinder: Name, Vorname, Geburtstag
1. _____
2. _____
3. _____
4. _____

_____   _____
Ort, Datum   Unterschrift

▶ Bitte **füllen** Sie das Formular **aus**!

▶ Bitte **unterschreiben** Sie das Formular!

▶ Guten Tag. Wie heißen Sie bitte?
▷ Ich heiße Hassan Bialek.
▶ Herr Bialek, können Sie bitte das Formular ausfüllen und unterschreiben?
▷ Ja, gerne. Entschuldigung, „Staatsangehörigkeit" – was heißt das?
▶ Staatsangehörigkeit? Das heißt „Nationality" auf Englisch.
▷ Ah, vielen Dank!

2 Fragen Sie im Kurs:

▶ „Passnummer" – was heißt das?
▷ Das heißt „Passport number" auf Englisch.

▶ „Gültig bis" – was heißt das?
▷ Das heißt „Valable jusqu'au" auf Französisch.

▶ „Postleitzahl" – was heißt das?
▷ Das heißt „.........." auf ....

▶ „Familienstand" – ....?
▷ ....

Das kann ich:	Entschuldigung	ein bisschen
Formular	Bitte unterschreiben Sie das Formular!	Was heißt das? Das heißt …
ausfüllen	Bitte füllen Sie das Formular aus!	Ja, gerne.
unterschreiben	Sprechen Sie Deutsch?	auf Deutsch, auf Englisch, auf …

Lektion 8: Ich habe einen Termin

1 Wie spät ist es?

- Es ist ein Uhr.
- Es ist drei Uhr.
- Es ist fünf Uhr.

- Es ist vierzehn Uhr fünfzehn.
- Es ist zwölf Uhr fünfunddreißig.
- Es ist neunzehn Uhr zweiundzwanzig.

2 Wie spät ist es?

- Es ist ....

- Frau Rashid, haben Sie eine Uhr?
- Ja.
- Wie spät ist es bitte?
- Es ist dreizehn Uhr zehn.
- Vielen Dank!

- Mirvan, hast du eine Uhr?
- Ja, natürlich!
- Wie spät ist es?
- Es ist sechzehn Uhr fünfundzwanzig.
- Danke!

3 Frau Rashids Tag   Mirvans Tag

- Um .... Uhr hat Frau Rashid Deutschkurs.
- Um .... Uhr hat sie Computerkurs.
- Um .... Uhr hat sie einen Termin bei Herrn Müller.
- Um .... Uhr macht sie Sport.

- Um .... Uhr hat Tarek Deutschkurs.
- Um .... Uhr hat er einen Termin beim Arzt.
- Um .... Uhr hat er einen Termin beim Arbeitsamt.
- Um .... Uhr spielt er Fußball.

- Welcher Tag ist heute?
- Heute ist der vierte April.
- Danke!

- Welches Datum ist heute?
- Heute ist der dreiundzwanzigste Oktober 2016.
- Danke!

Lektion 8: Ich habe einen Termin

4 Die Tage

der **erste**	der **sechste**	der zwanzig**ste**	der dreißig**ste**
der zwei**te**	der **siebte**	der einundzwanzig**ste**	der einunddreißig**ste**
der **dritte**	der ach**te**	der zweiundzwanzig**ste**	
der vier**te**	der neun**te**	der dreiundzwanzig**ste**	
der fün**fte**	der zehn**te**	⋮	

5 Die Monate

Januar	Februar	März	April
Mai	Juni	Juli	August
September	Oktober	November	Dezember

6 Die Wochentage

Montag Dienstag Mittwoch Donnerstag Freitag Samstag Sonntag

7 Welcher Tag ist heute?

Heute ist Donnerstag, der dritte Dezember.   Heute ist ....

▶ Herr Moussa, wann sind Sie geboren?
▷ Ich bin am 24. Oktober 1968 geboren.

▶ Irina, wann ist dein Geburtstag?
▷ Mein Geburtstag ist am 12. November.

8 Fragen Sie im Kurs:

Wann sind Sie geboren? Ich .... **oder** Wann ist dein Geburtstag? Mein ....

Das kann ich:	Ich habe einen Termin beim …	Ja, natürlich!
Wie spät ist es?	Arzt	Wann sind Sie geboren?
Es ist … Uhr.	Arbeitsamt	Ich bin am … geboren.
um 14 Uhr	Welcher Tag ist heute?	Wann ist dein Geburtstag?
Termin	Heute ist der fünfte März.	Mein Geburtstag ist am … .

Lektion 9: Meine Adresse

Anmeldung VHS Remscheid
Volkshochschule der Stadt Remscheid
Scharffstraße 4-6 · 42853 Remscheid

Name, Vorname _____
Straße _____
PLZ, Ort _____
Telefon mit Vorwahl privat _____
dienstlich _____
mobil _____
E-Mail _____
Geburtstag _____

männlich ☐   weiblich ☐

Hiermit melde ich mich verbindlich für folgende Veranstaltung/en an:

_____ / _____ / _____

Kursnummer _____

Unterschrift des Teilnehmenden _____

1 Wo ist die Volkshochschule?

▶ Wie heißt die Stadt? ▷ Die Stadt heißt ....
▶ Wie ist die Postleitzahl? ▷ Die Postleitzahl ist ....
▶ Wie heißt die Straße? ▷ Die Straße heißt ....
▶ Wie ist die Hausnummer? ▷ Die Hausnummer ist ....

2 Melden Sie sich für einen Deutschkurs an. Füllen Sie das Formular aus.

Deutsch für Asylsuchende
Montags, dienstags, mittwochs
09:00 h – 12:00 h, Raum 230
VHS-DLZ, Elberfelder Str. 32
42853 Remscheid
Kursnummer: 15/2/81023

Deutsch für Asylsuchende
Dienstags, donnerstags
14:30 h – 16:45 h, Raum 117
Leibniz-Gymnasium, Lockfinker Str. 23
42899 Remscheid-Lüttringhausen
Kursnummer: 12/8/25478

Deutsch für Asylsuchende
Montags, mittwochs
13:15 h – 16:15 h, Raum 31
Röntgen-Gymnasium, Röntgenstraße 12
42897 Remscheid-Lennep
Kursnummer: 17/6/92135

Deutsch für Asylsuchende
Montags bis freitags
08:30 h – 12:30 h, Raum 017
VHS Hölterfeld, Unterhölterfelder Str. 50
42855 Remscheid
Kursnummer: 20/5/76843

Lektion 9: Meine Adresse

3 Fragen Sie die Frau/den Mann neben Ihnen:

▶ Wie ist Ihre/deine Adresse?

_____
_____
_____
Tel.: _____
E-Mail: _____

4 Fragen Sie im Kurs:

▶ Wo wohnen Sie? **oder**
▶ Wo wohnst du?

▷ Ich wohne in . . . .
▷ Die Straße heißt . . . .

wohnen
ich wohn**e**　　　du wohn**st**　　　er/sie wohn**t**　　　Sie wohn**en**

▶ Guten Tag! Wie ist Ihr Name, bitte?
▷ Mein Name ist Jalal Yunus.
▶ Wie ist Ihre Adresse?
▷ Meine Adresse ist Birkenweg 37, 52135 Köln.
▶ Haben Sie auch eine E-Mail Adresse?
▷ Ja! jyunus@hotmail.com
▶ Vielen Dank!

▶ Guten Tag! Wie heißen Sie, bitte?
▷ Mein Name ist Sharina Muhsin.
Muhsin ist der Nachname.
▶ Wo wohnen Sie, Frau Muhsin?
▷ Ich wohne in Mannheim, Kreuzstraße 4.
Die Postleitzahl ist 68159.
▶ Wie ist Ihre Telefonnummer, bitte?
▷ Ich habe ein Handy. Die Nummer ist
0152 68 47 35.
▶ Vielen Dank!

5 Was ist richtig?

Herr . . . . Yunus
Birkenweg . . . .
. . . . Köln
E-Mail: . . . .

Frau . . . .
. . . . 4
68159 . . . .
Telefon: . . . .

Das kann ich:

	Wo wohnst du?	Wie ist Ihre Postleitzahl?
Wie ist Ihre/deine Adresse?	Ich wohne in …	Wie ist deine Postleitzahl?
Meine Adresse ist …	Die Stadt heißt …	Die Postleitzahl (PLZ) ist …
Wo wohnen Sie?	Die Straße heißt …	Die Hausnummer ist …

Lektion 10: Entschuldigung, wo ist bitte … ?

▶ Entschuldigung, wo ist bitte der Bahnhof?
▷ Gehen Sie geradeaus und dann nach rechts.
▶ Vielen Dank.

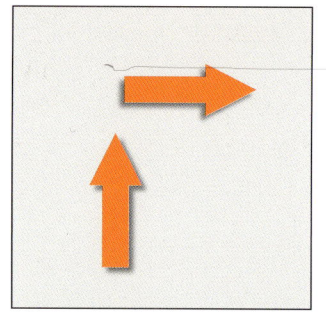

▶ Entschuldigung, wo ist bitte das Rathaus?
▷ Gehen Sie geradeaus, dann nach links und dann nach rechts. Da ist das Rathaus.
▶ Danke schön.

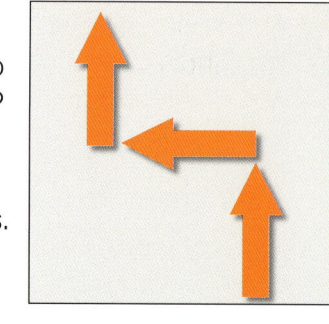

▶ Entschuldigung, wo ist bitte die VHS?
▷ Gehen Sie die Hauptstraße geradeaus bis zur Kreuzung und dann nach links. Da ist die VHS.
▶ Danke!

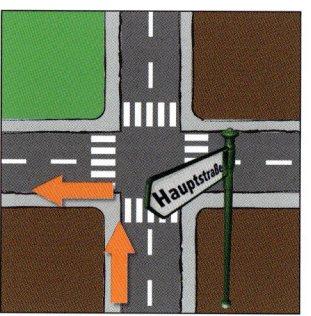

▶ Entschuldigung, wo ist bitte die Bank?
▷ Gehen Sie an der Ampel rechts und dann nach links.
▶ Vielen Dank.

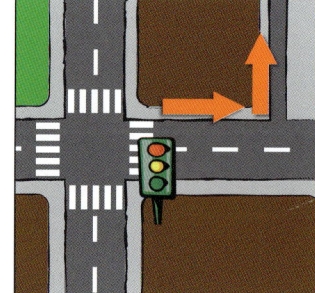

1 Was ist richtig?

nach rechts
an der Ampel rechts
an der Kreuzung links
nach links
geradeaus

Gehen Sie ....
....
....
....

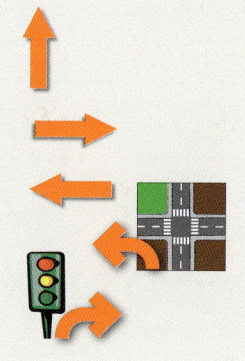

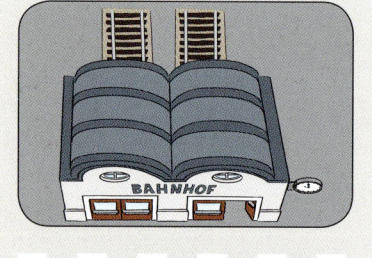

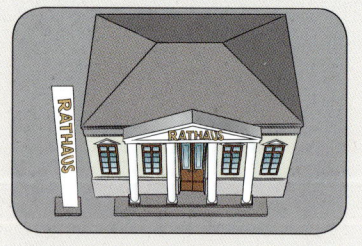

Sie sind hier.

Lektion 10: Entschuldigung, wo ist bitte … ?

▶ Entschuldigung, wo ist bitte der Bahnhof?
▷ Oh, immer geradeaus. Dann kommt der Bahnhof links.
▶ Danke!

▶ Entschuldigung, wo ist bitte der Supermarkt?
▷ Gehen Sie hier rechts, an der Arztpraxis und an der Bank vorbei. Dann sehen Sie den Supermarkt links.
▶ Vielen Dank!

▶ Entschuldigung, wo ist bitte die Volkshochschule?
▷ Gehen Sie hier geradeaus und nach der Bank rechts.
▶ Nach der Bank rechts…
▷ Ja, genau! Dann geradeaus. Die Volkshochschule ist links.
▶ Danke schön!

CD 31

2 Fragen Sie die Frau/den Mann neben Ihnen:

▶ Entschuldigung, wo ist bitte …? ▷ Die Bibliothek? Gehen Sie ………………………. .

3 Bitte zeichnen Sie:

▶ Entschuldigung, wo ist bitte der Kindergarten?
▷ Der Kindergarten? Oh, da gehen Sie hier rechts, an der Schule vorbei, bis zur Kreuzung. An der Ampel gehen Sie links und dann immer geradeaus. Nach der Bibliothek kommt die Schule auf der rechten Seite.
▶ Also: rechts bis zur Kreuzung. An der Ampel links und dann geradeaus. Dann ist die Schule rechts.
▷ Ja genau!
▶ Vielen Dank!

Das kann ich:

Wo ist bitte … ?	Da ist …	Gehen Sie …
geradeaus	nach links	nach rechts
	auf der linken Seite	auf der rechten Seite
bis zur Kreuzung	an der Ampel geradeaus	an der Ampel links/rechts
der Bahnhof	**die** Ampel	**die** Schule
der Kindergarten	**die** Bank	**die** VHS (Volkshochschule)
der Supermarkt	**die** Bibliothek	**die** Bibliothek
	die Kreuzung	
das Rathaus		
dann	dann sehen Sie	immer
vorbei/an der Bank vorbei	nach der Bank rechts	Ja genau!

Lektion 11: Bus und Bahn

Das ist ein Bus. Das ist eine S-Bahn. Das ist eine U-Bahn. Das ist eine Straßenbahn. Das ist ein Zug.

Der Bus Nummer 15 fährt nach Heidelberg.

Die S-Bahn-Linie 8 (die S8) fährt zum Bahnhof.

Die Straßenbahn-Linie 3 fährt zur Marienschule.

Der Zug fährt nach Stuttgart.

Die U-Bahn-Linie 5 (die U5) fährt zum Jobcenter.

- Heidelberg, Stuttgart
- nach Heidelberg, nach Stuttgart
- der Bahnhof zum Bahnhof
- das Jobcenter zum Jobcenter
- die Schule zur Schule

▶ Entschuldigung, wie komme ich zum Jobcenter?
▷ Zum Jobcenter? Die U5 fährt zum Jobcenter.
▶ Vielen Dank.

▶ Entschuldigung, welche S-Bahn-Linie fährt zum Bahnhof?
▷ Die S-Bahn-Linien 7 und 8 fahren zum Bahnhof.
▶ Die S7 und die S8, okay. Vielen Dank.

- Der Bus/der Zug fährt. Er fährt.
- Die S-Bahn/die U-Bahn/die Straßenbahn fährt. Sie fährt.
- Die S-Bahn-Linien 7 und 8 (die S7 und die S8) fahren. Sie fahren.

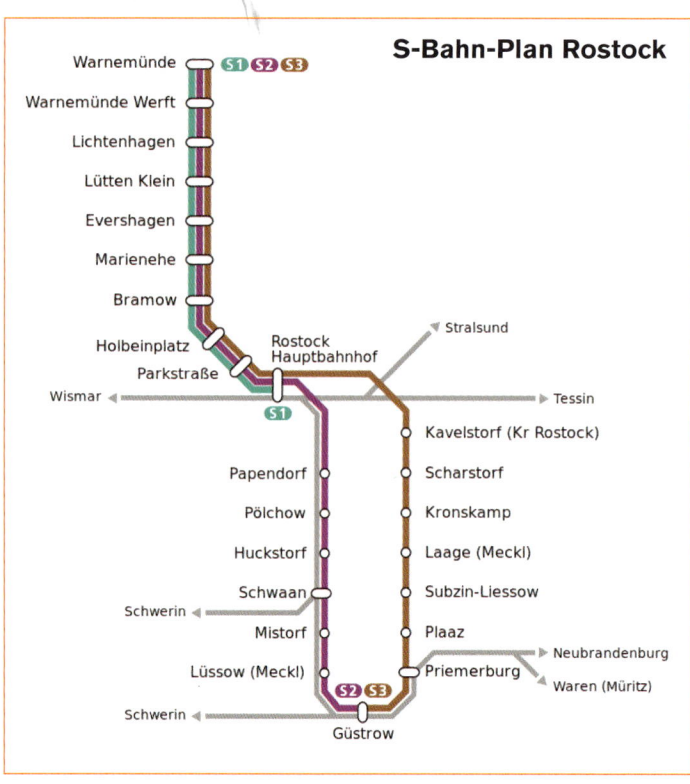

S-Bahn-Plan Rostock

1 Fragen Sie im Kurs:

▶ Entschuldigung, welche S-Bahn-Linie fährt nach Plaaz?
▷ Die S3 fährt nach Plaaz.

▶ Entschuldigung, welche .... fährt nach ....?
▷ Die .... fährt nach ....

▶ ....?
▷ ....

▶ ....?
▷ ....

Lektion 11: Bus und Bahn

Fahrplan

Ankunft / *arrival*	Zug / *train*	von / *from*	nach / *to*	Abfahrt / *departure*	Gleis / *platform*
14:39	ICE Albert Einstein	Zürich	München	14:55	3
14:43	ICE Goethe	Frankfurt	Paris	15:03	7
14:52	Orient-Express	Paris	Budapest	15:11	18
14:58	Overnight-Express	Amsterdam	Mailand	15:16	9

2 Was ist richtig?

▶ Wann kommt der ICE „Albert Einstein"? ▷ Er kommt um 14:39 Uhr.
▶ Wann fährt der ICE „Albert Einstein"? ▷ Er fährt um 14:55 Uhr.
▶ Von wo fährt der ICE „Albert Einstein"? ▷ Er fährt von Gleis 3.

▶ ....? ▷ ....

▶ Entschuldigung, wie komme ich zur VHS?
▷ Die Straßenbahn-Linie 4 fährt zur VHS.
▶ Ist die Haltestelle hier richtig?
▷ Ja.
▶ Und wie viele Stationen sind das?
▷ Drei.
▶ Vielen Dank. Und wann kommt die Linie 4?
▷ Hier ist ein Fahrplan.
▶ Ah ja! Danke schön!

▶ Entschuldigung, wo kann ich eine Fahrkarte kaufen?
▷ Hier am Fahrkartenautomat.
▶ Ich brauche eine Fahrkarte nach Neu-Isenburg. Wie geht das bitte?
▷ Das geht so: …

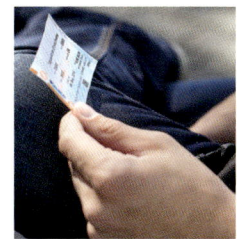 

Das kann ich:	Die S-Bahn-Linie 7 (die S7)	der Fahrplan
der Bus	Die U-Bahn-Linie 5 (die U5)	die Fahrkarte
der Zug	Welche Linie fährt nach …?	der Fahrkartenautomat
die S-Bahn	Die Linie 5 fährt **nach** Hanau/	Wie geht das bitte?
die U-Bahn	**zum** Bahnhof/**zum** Jobcenter/ **zur** VHS.	Das geht so: …
die Straßenbahn	Wie viele?	Ankunft/Abfahrt
die Haltestelle	eine Station, zwei Stationen	Gleis

Lektion 12: Lebensmittel

Fleisch — Rind, Rindfleisch — Schwein, Schweinefleisch — Lamm, Lammfleisch — Huhn, Hühnerfleisch — Wurst — Fisch

 CD 35

▶ Ist das Rindfleisch oder Schweinefleisch?
▷ Das ist Rind.
▶ Gut! Ich brauche zwei Kilo bitte.
▷ Ist das alles?
▶ Ja, danke.

▶ Wie viel kostet das Lamm?
▷ Das Kilo kostet 4 Euro 95.
▶ Gut, ich nehme drei Kilo bitte.
▷ Noch etwas?
▶ Ja, ich brauche Wurst. 500 Gramm Salami bitte. Das ist alles.

5 Kilo, 5.000 Gramm
1 Kilo, 1.000 Gramm
½ Kilo, 500 Gramm

Brot — Brötchen — Kuchen — Mehl

 CD 36

▶ Ich brauche bitte ein Brot.
▷ Ja, gerne. Noch etwas?
▶ Wie viel kosten die Brötchen?
▷ Das Stück 50 Cent. Drei Stück kosten 1,20 Euro.
▶ Gut, das ist preiswert. Drei Brötchen bitte.

▶ Guten Tag, wie viel kostet der Kuchen?
▷ Der Kuchen kostet 1,95 das Stück.
▶ Oh, das ist teuer. Haben Sie Mehl?
▷ Ja, hier! Ein Kilo?
▶ Ja, ein Kilo. Vielen Dank!

Wie viel kost**et** das Brot?
Das Brot kost**et** ....
Es kost**et** ....

Wie viel kost**en** die Brötchen?
Die Brötchen kost**en** ....
Sie kost**en** ....

Lektion 12: Lebensmittel

1 Fragen Sie die Frau/den Mann neben Ihnen:

▶ Wie viel kostet das Brot?
▷ Das Brot kostet 1,25 Euro.

▶ Ist das preiswert oder teuer?
▷ Das ist preiswert.

▶ Wie viel kostet ....?
▷ .... kostet ....

▶ Ist das .... oder ....?
▷ Das ist ....

Butter   Käse   Joghurt   Eier   Essig und Öl   Reis   Nudeln

Hirse

Linsen

Im Supermarkt

▶ Entschuldigung, wo ist bitte die Butter?
▷ Die Butter ist im zweiten Gang, rechts.
▶ Sind dort auch Käse und Joghurt?
▷ Ja, und Eier.
▶ Danke, und wo sind Essig und Öl?
▷ Essig und Öl sind hier links!

▶ Entschuldigung, wo ist bitte der Reis?
▷ Reis ist im dritten Gang, bei den Nudeln.
▶ Haben Sie auch Hirse?
▷ Nein, Hirse haben wir nicht.
▶ Und Linsen?
▷ Ja, Linsen haben wir. Sie sind beim Reis.

2 Was ist richtig?

▶ Wo ist die Butter?
▶ Wo sind Essig und Öl?
▶ Wo ist der Reis?
▶ Hat der Supermarkt auch Hirse?
▶ Wo sind die Linsen?

▷ Die Butter ist ....
▷ Essig und ....
▷ Der Reis ....
▷ Nein, ...
▷ Die ....

---

essen   er/sie **isst**   Ich esse gerne Kuchen. ☺
ich ess**e**   sie ess**en**
du **isst**   Sie ess**en**   Ich esse nicht gerne Wurst. ☹

---

3 Fragen Sie die Frau/den Mann neben Ihnen:

▶ Was essen Sie gerne?/Was isst du gerne?
▶ Was essen Sie nicht gerne?/Was isst du nicht gerne?

▷ Ich esse gerne ....
▷ Ich esse nicht gerne ....

Das kann ich:	Ist das alles?/Noch etwas?	Wie viel kostet …?/Wie viel kosten …?
Ich brauche …	Kilo	teuer
Ich nehme …	Gramm	preiswert

Lektion 13: Essen und Trinken

| Obst | Gemüse | Äpfel | Bananen | Bohnen |
| Datteln | Feigen | Gurken | Karotten | Knoblauch | Tomaten | Zwiebel |

1 Fragen Sie die Frau/den Mann neben Ihnen:

▶ Was ist Obst?
▷ Äpfel sind Obst.
▷ .... sind Obst.
▷ ....

▶ Was ist Gemüse?
▷ Bohnen sind Gemüse.
▷ .... sind Gemüse.
▷ ....

2 Fragen Sie die Frau/den Mann neben Ihnen: Was gibt es in Ihrem Land? Was ist preiswert? Was ist teuer?

In Syrien gibt es viel Reis. Er ist preiswert.
In Syrien gibt es nicht viele Äpfel. Sie sind teuer.

In Deutschland gibt es viele Äpfel. Sie sind preiswert.
In Deutschland gibt es nicht viele Feigen. Sie sind teuer.

In .... gibt es .... Sie sind ....
In .... gibt es nicht .... Sie ....

| der Kaffee | der Kakao | der Saft | der Tee |
| der Wein | das Bier | das Wasser | die Cola | die Milch |

Lektion 13: Essen und Trinken

trinken	der Kaffee	das Bier	die Cola
ich trink**e**	Ich trinke Kaffee.	Ich trinke Bier.	Ich trinke Cola.
du trink**st**	Ich trinke kein**en** Kaffee.	Ich trinke kein Bier.	Ich trinke kein**e** Cola.
er/sie trink**t**			
sie trink**en**			
Sie trink**en**			

3 Fragen Sie im Kurs: Was trinken Sie gerne/was trinkst du gerne? Was trinken Ihre/deine Kinder?

Ich trinke..

Ich trinke keinen/kein/keine...

Meine Frau trinkt...

Meine Frau trinkt keinen/kein/keine............................

Meine Tochter trinkt..

Meine Tochter trinkt keinen/kein/keine......................

Mein Sohn trinkt..

Mein Sohn trinkt keinen/kein/keine............................

Meine Kinder trinken...

Meine Kinder trinken keinen/kein/keine....................

▶ Hallo Yanor!
▷ Hallo Maruf!
▶ Wie geht es dir?
▷ Gut und dir?
▶ Auch gut. Trinkst du einen Tee mit mir?
▷ Nein, danke. Ich trinke nicht gerne Tee.

▶ Was trinkst du gerne?
▷ Ich trinke gerne Kaffee.
▶ Gut, also ich trinke Tee und du trinkst Kaffee, okay?
▷ Okay!

4 Was ist richtig?

▶ Trinkt Maruf gerne Tee?
▶ Trinkt Yanor gerne Tee?
▶ Was trinken sie zusammen?

▷ Ja, Maruf......................
▷ ....
▷ ....

Das kann ich:

| Getränke | Es gibt viele … | Wie geht es dir? |
| zusammen | Es gibt nicht viele … | Gut und dir? |

Lektion 14: In der Küche

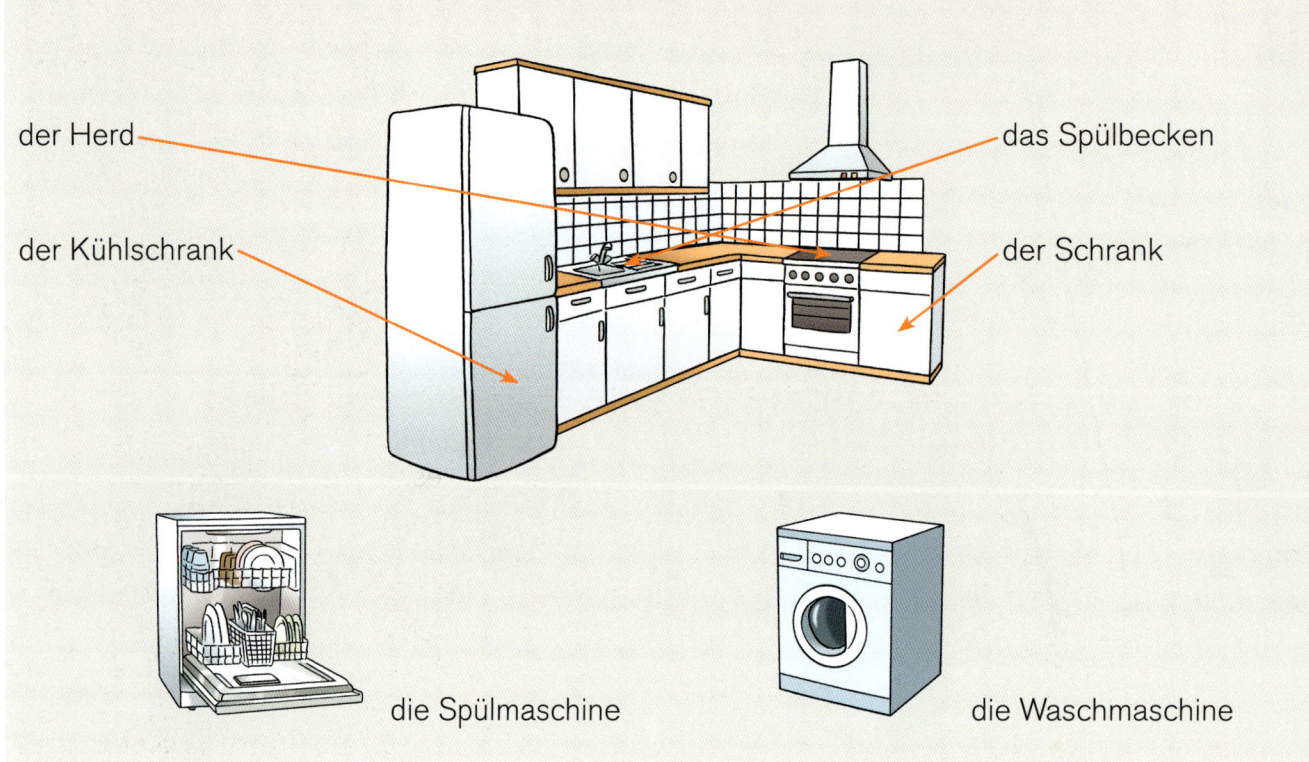

1 Fragen Sie die Frau/den Mann neben Ihnen:

▶ Ist das ein Kühlschrank? ▷ Ja, das ist ein Kühlschrank.
　　　　　　　　　　　　　　▷ Nein, das ist kein ....

▶ Ist das ein/e ....? ▷ Ja, das ist ....
　　　　　　　　　　　　　　　　　▷ Nein, das ist ....

---

der Kühlschrank　　　　　　das Spülbecken　　　　　　die Waschmaschine
ein Kühlschrank　　　　　　ein Spülbecken　　　　　　eine Waschmaschine
Das ist ein Kühlschrank.　　Das ist ein Spülbecken.　　Das ist eine Waschmaschine.
Ich habe ein**en** Kühlschrank.　Ich habe ein Spülbecken.　Ich habe eine Waschmaschine.
Ich habe kein**en** Kühlschrank.　Ich habe kein Spülbecken.　Ich habe keine Waschmaschine.

---

2 Fragen Sie im Kurs:

▶ Haben Sie/hast du einen Kühlschrank? ▷ Ja, ich habe einen Kühlschrank.
　　　　　　　　　　　　　　　　　　　　　▷ Nein, ich habe keinen Kühlschrank.

▶ Haben Sie/hast du eine Waschmaschine? ▷ Ja, ich ....
　　　　　　　　　　　　　　　　　　　　　　▷ Nein, ich ....

▶ ....? ▷ ....

der Topf　　die Pfanne　　die Tasse　　das Glas　　der Besen　　der Lappen　der Eimer

Lektion 14: In der Küche

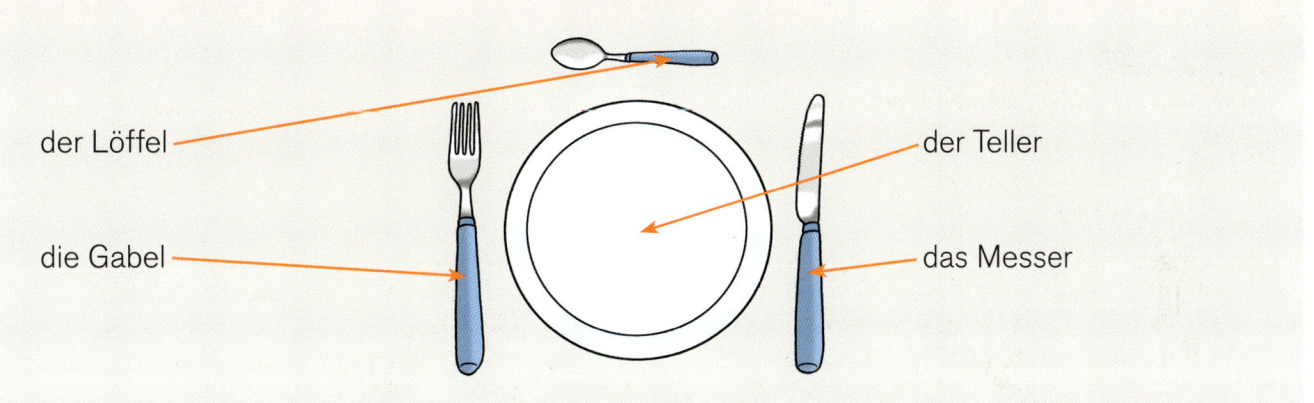

brauchen	wollen	der Löffel	das Messer	die Gabel
ich brauch**e**	ich **will**	ein Löffel	ein Messer	eine Gabel
du brauch**st**	du **willst**	Ich brauche	Ich brauche	Ich brauche
er/sie brauch**t**	er/sie **will**	ein**en** Löffel.	ein Messer.	eine Gabel.
sie brauch**en**	sie woll**en**	Ich brauche	Ich brauche	Ich brauche
Sie brauch**en**	Sie woll**en**	kein**en** Löffel.	kein Messer.	keine Gabel.

▶ Hallo Ibrahim. Ich brauche einen Topf. Hast du einen Topf?
▷ Ja, ich habe einen Topf. Warum?
▶ Ich will kochen. Vielen Dank!

▶ Bilal, ich brauche bitte einen Löffel.
▷ Warum brauchst du einen Löffel?
▶ Ich will essen.
▷ Ah, bitte schön. Hier ist ein Löffel.

▶ Samira, hast du einen Besen? Ich brauche einen Besen.
▷ Ja, hier ist ein Besen. Warum?
▶ Ich will putzen.

CD 39

3 Was brauchen Sie?

▶ Ich will kochen. ▶ Ich brauche .... und .... und ....
▶ Ich will essen.   ▶ Ich brauche .... und .... und ....
▶ Ich will putzen. ▶ Ich brauche .... und .... und ....

Das ist alt.   Das ist neu.   Das ist schmutzig.   Das ist sauber.   Das ist kaputt.   Das funktioniert.

4 Fragen Sie die Frau/den Mann neben Ihnen: Ist das gut, okay, oder nicht gut?

▶ Der Besen ist neu.   ▷ Das ist gut.
▶ Der Schrank ist alt.   ▷ Das ist okay.
▶ Der Kühlschrank ist schmutzig.   ▷ Das ist nicht gut.
▶ Die Waschmaschine .... ▷ ....
▶ Der Topf .... ▷ ....
▶ .... ▷ ....

Das kann ich: kochen   neu
                          essen   schmutzig
Ich brauche …   putzen   sauber
Ich will …   Warum?   Die Spülmaschine ist kaputt.
Das ist gut/okay/nicht gut. alt   Die Spülmaschine funktioniert.

Lektion 15: Im Badezimmer

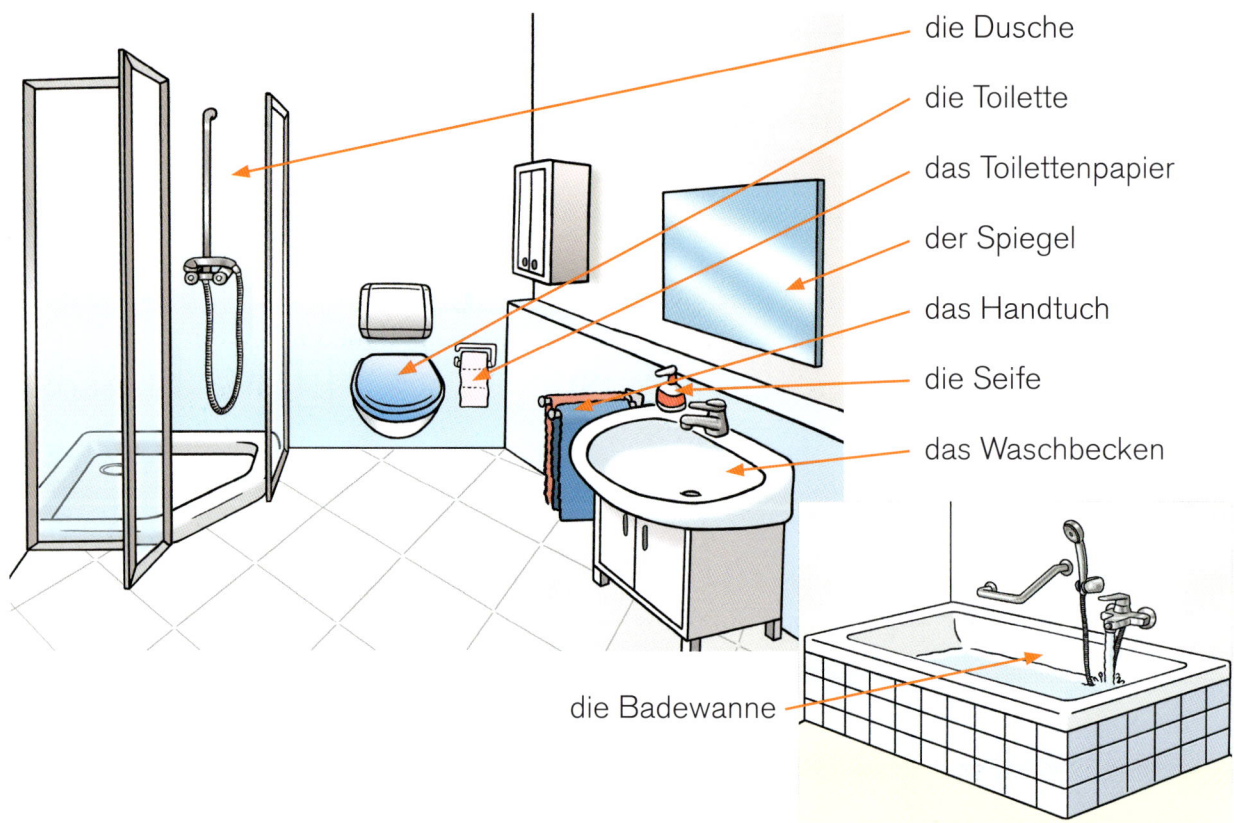

die Dusche
die Toilette
das Toilettenpapier
der Spiegel
das Handtuch
die Seife
das Waschbecken
die Badewanne

duschen

ich dusch**e**
du dusch**st**
er/sie dusch**t**

baden

ich bad**e**
du bad**est**
er/sie bad**et**

Das brauche ich in der Dusche und in der Badewanne:

Duschgel, Shampoo und Waschlappen

Das brauche ich nach dem Duschen oder Baden:

Handtuch und Föhn

1 Fragen Sie die Frau/den Mann neben Ihnen:

▶ Ich möchte duschen oder baden. Was brauche ich?
▷ Sie brauchen/du brauchst .... und .... und .... und ....

Das ist Creme. Es gibt Gesichtscreme, Rasiercreme und Zahncreme.

der Kamm

die Bürste

die Zahnbürste

der Rasierer

Lektion 15: Im Badezimmer 15

2 Fragen Sie die Frau/den Mann neben Ihnen:

▶ Ist das eine Dusche?   ▷ Ja, das ist eine Dusche.
  ▷ Nein, das ist keine Dusche.
▶ Ist das ein/e ....?   ▷ Ja, das ist ....
  ▷ Nein, das ist ....

Der Mann wäscht sich.

möchten	sich waschen
ich möcht**e**	ich wasch**e mich**
du möcht**est**	du w**ä**sch**st dich**
er/sie möcht**e**	er/sie w**ä**sch**t sich**

Bitte hören Sie und schreiben Sie.

Edgar sagt:
▶ Ich möchte duschen. Ich brauche -------, ------- und ein -------.
▷ Edgar möchte duschen. Er braucht *Duschgel*, *Shampoo* und ein *Handtuch*.
▶ Ich möchte mich waschen. Ich brauche -------, einen ------- und ein -------.
▷ Edgar möchte sich waschen. Er braucht ...., einen .... und ein ....
▶ Ich möchte mich rasieren. Ich brauche einen -------, ------- und ein -------.
▷ Edgar möchte sich rasieren. Er braucht einen ...., ... und ein ....
▶ Ich möchte mir die Zähne putzen. Ich brauche eine ------- und -------.
▷ Edgar möchte sich die Zähne putzen. Er braucht eine .... und ....

Nune sagt:
▶ Ich möchte baden. Ich brauche -------, -------, ein ------- und einen -------.
▷ Nune möchte baden. Sie braucht ...., ..., ein .... und einen ....
▶ Ich möchte auf die Toilette. Ich brauche -------.
▷ Nune möchte auf die Toilette gehen. Sie braucht ....
▶ Ich möchte mich waschen und ich brauche auch -------, einen ------- und eine -------.
▷ Nune möchte sich waschen. Sie braucht auch ...., einen .... und eine ....

Das kann ich:	duschen	mich rasieren
	baden	mir die Zähne putzen
ich möchte …	mich waschen	auf die Toilette gehen

Lektion 16: Kleidung

▶ Was trägt der Mann?

▷ Er trägt:
ein Hemd
eine Krawatte
eine Jacke
eine Hose
Schuhe

▶ Was trägt die Frau?

▷ Sie trägt:
eine Bluse
einen Rock
Nylonstrümpfe
Schuhe

▶ Was trägt der Junge?

▷ Er trägt:
ein T-Shirt
Jeans
Stiefel

▶ Was trägt das Mädchen?

▷ Sie trägt:
ein Kleid
Socken
Sandalen

      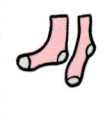 

der Pulli		der Gürtel		das Unterhemd		die Mütze	die Handschuhe
	der Schal		der Mantel		die Unterhose		die Strümpfe

tragen
ich trag**e**   der Pulli   das Hemd   die Mütze
du tr**ä**g**st**   ein Pulli   ein Hemd   eine Mütze
er/sie tr**ä**gt   Ich trage ein**en** Pulli. Ich trage ein Hemd.   Ich trage eine Mütze.
sie trag**en**
Sie trag**en**

1 Was tragen Sie? Was trägt die Frau/der Mann neben Ihnen?

Ich trage ……………………, …………………… und ……………………
Er/sie trägt ……………………, …………………… und ……………………

Lektion 16: Kleidung

2 Fragen Sie im Kurs:

▶ Was tragen Sie?/Was trägst du?   ▷ Ich trage ....

▶ Ich brauche eine Hose und eine Jacke für meinen Sohn.
▷ Welche Größe hat er?
▶ Er hat Größe XS.
Für die Jacke ist Größe S besser.
▷ Brauchst du noch etwas?
▶ Ja, ich brauche einen Pulli und Handschuhe.
Und mein Mann braucht einen Schal.
▷ Guck mal! Hier ist ein Schal.

3 Was ist richtig?

Was braucht der Sohn? Der Sohn braucht eine .... und eine ....
Welche Größe hat er? Er hat Größe .... oder ....
Was braucht die Frau? Die Frau braucht einen .... und ....
Was braucht der Mann? Der Mann braucht ....

4 Fragen Sie im Kurs:

▶ Und was brauchen Sie?/Was brauchst du?   ▷ Ich brauche ....

5 Olli hat ein Problem.

| Der Pulli ist teuer, zu teuer! | Der Pulli ist groß, zu groß! | Der Pulli ist klein, zu klein! | Der Pulli ist lang, zu lang! | Der Pulli ist kurz, zu kurz! | Der Pulli ist weit, zu weit! | Der Pulli ist eng, zu eng! |

Das kann ich:	groß	zu (groß)	das Kleid	Jeans
Welche Größe haben Sie?/ Welche Größe hast du?	klein	der Junge	die Krawatte	Schuhe
Welche Größe hat er/sie?	lang	das Mädchen	die Jacke	Stiefel
Ich habe Größe … Du hast Größe …	kurz	der Rock	die Hose	Socken
Er/sie hat Größe …	weit	das Hemd	die Bluse	Sandalen
Größe S ist besser.	eng	das T-Shirt	(Nylon)strümpfe	Guck mal!

Lektion 17: Beim Arzt

Haben Sie Schmerzen?

     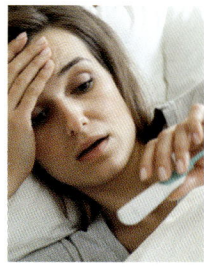

Kopfschmerzen — Ohrenschmerzen — Zahnschmerzen — Bauchschmerzen — Rückenschmerzen — Fieber

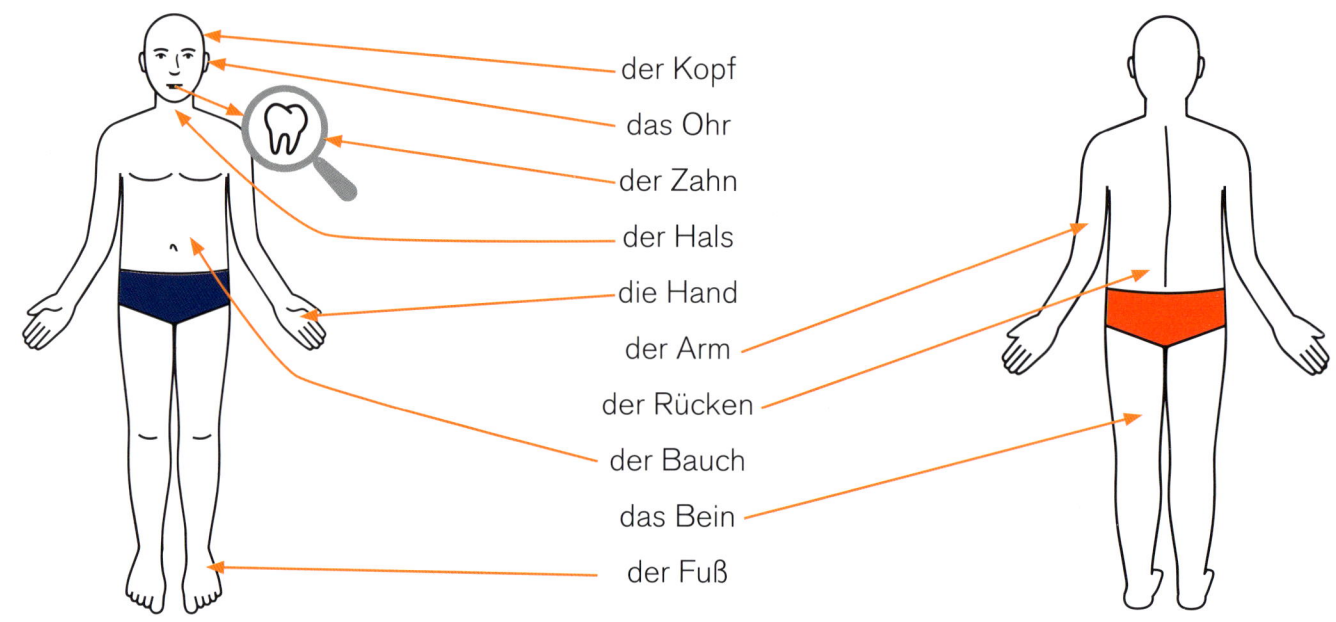

- der Kopf
- das Ohr
- der Zahn
- der Hals
- die Hand
- der Arm
- der Rücken
- der Bauch
- das Bein
- der Fuß

Wo haben Sie Schmerzen? oder **Was tut Ihnen weh?**

Ich habe Schmerzen im Fuß.   Mir tut der Fuß weh.
Ich habe Schmerzen im Bein.   Mir tut das Bein weh.
Ich habe Schmerzen im Arm.   Mir tut der Arm weh.
Ich habe Schmerzen im Hals.   Mir tut der Hals weh.
Ich habe Schmerzen in der Hand.   Mir tut die Hand weh.

der Kopf	das Ohr	die Hand
Schmerzen **im** Kopf	Schmerzen **im** Ohr	Schmerzen **in der** Hand

1 Fragen Sie die Frau/den Mann neben Ihnen:

▶ Haben Sie/hast du manchmal Schmerzen? Wo?
▷ Ja, ich habe manchmal Schmerzen. Im/in der ....
▷ ....

Lektion 17: Beim Arzt

Medikamente

 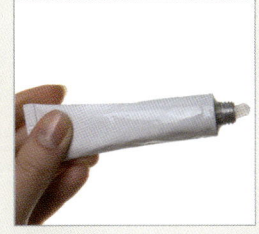 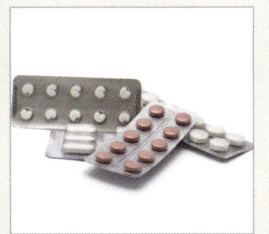  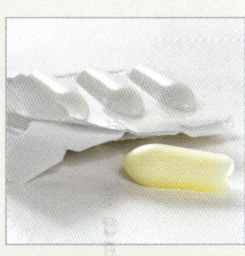

der Saft die Salbe die Tabletten die Tropfen die Zäpfchen

▶ Ich habe Durchfall.
▷ Ich gebe Ihnen einen Saft. Nehmen Sie dreimal täglich einen Löffel.

▶ Ich habe einen Ausschlag.
▷ Ich gebe Ihnen eine Salbe. Tragen Sie die Salbe dreimal täglich auf.

▶ Ich kann nicht schlafen.
▷ Ich gebe Ihnen Tabletten. Nehmen Sie nur eine Tablette abends.

▶ Mir ist schwindlig.
▷ Ich gebe Ihnen Tropfen. Nehmen Sie morgens und abends zehn Tropfen.

▶ Meine Tochter/mein Sohn hat Fieber.
▷ Ich gebe Ihnen Zäpfchen. Geben Sie ihr/ihm abends ein Zäpfchen.

Wie oft müssen Sie das Medikament nehmen?

Die Salbe nach dem Waschen auftragen.

Zwei Tabletten morgens und zwei Tabletten abends nehmen.

Nur ein Zäpfchen abends nehmen.

Vor dem Schlafen 15 Tropfen nehmen.

Einen Löffel Saft morgens, mittags und abends nehmen.

---

können

ich **kann**	Ich kann nicht schlafen.	Ich kann gut schlafen.
du **kannst**	Du kannst nicht essen.	Du kannst gut essen.
er/sie **kann**	Er kann nicht trinken.	Er kann gut trinken.

Das kann ich:	Mir tut … weh.	schwindlig	Ich gebe Ihnen …
Fieber	manchmal	auftragen	Nehmen Sie …
Ich habe Schmerzen.	Durchfall	schlafen	einmal, zweimal, dreimal
Ich habe Schmerzen im/in der …	der Ausschlag	täglich	morgens, mittags, abends

Weltkarte

Weltkarte

telc

Sicher in einen Einstiegs-, Grundstufen- oder Integrationskurs starten mit:

Einfach los!

Das telc Grundstufenlehrwerk *Einfach los!* ist speziell für Asylbewerber und Flüchtlinge konzipiert und hilft ihnen bei der gesellschaftlichen und beruflichen Integration in Deutschland. Das Buch kann in Einstiegs- und Grundkursen eingesetzt werden und ist besonders für Lernende ohne Vorkenntnisse geeignet.

Einfach los! bietet:

- 9 Lektionen mit allen wichtigen Themen für den **Alltag** in Deutschland
- Kursmaterial für über **300 Unterrichtseinheiten**
- eine erste Einführung in das deutsche **Arbeitsleben**
- zahlreiche Audio-Aufnahmen zum **Hörverstehen**
- extra Kapitel zur **Orientierung** in Deutschland
- Übungsaufgaben zur **Phonetik**
- Übungsmaterial für den **Test** *telc Deutsch A1 für Zuwanderer*

Weitere Informationen finden Sie hier: **www.telc.net/einfach-machen**.